Andreas Skowronek

AF284519

Regen auf Efeu

33 Gedichte

Andreas Skowronek

Regen auf Efeu

Coverfoto: Andreas Skowronek
Porträtfoto (Backcover): Margit Gaßner
Lektorat: Susanne Skowronek
Technische Umsetzung: Ulrich Hierdeis

1. Auflage 2020
© 2020, Skowronek Andreas
Alle Rechte vorbehalten.
Dieses Werk ist urheberrechtlich geschützt.
Herstellung und Verlag:
BoD – Books on Demand, Norderstedt
ISBN 9783751997225

Für M.
In ganzer Liebe

Besonderer Dank gilt Margit Gaßner für das Porträtfoto, Dr. Susanne Skowronek für das Lektorat sowie Ulrich Hierdeis für die technische Umsetzung dieses Projektes.

Regen auf Efeu

Endlich!
Grün wird wieder grün,
die Lunge füllt sich,
das Herz schlägt spürbar,
meine Augen sehen blinzelnd,
aber doch klar,
die Depression kann getrost
wieder im Keller verstauben.
Leben!

Im Fluss

Und der Fluss fließt
ruhig,
er hat den Staudamm
durchbrochen,
die Strudel bilden sich
zurück,
bereit ist er für neue
Schiffe,
für Regen und
Sonne,
für Zusammenfluss
und Wasserfall;
auf jeden Fall nährt er
das Ufer und alles,
was dort wächst.

Lieber Vater,

Du bist nun fort – und doch bist Du da
mit Deinen behutsamen und treffsicheren Worten,
denn wenn diese eines waren, dann sicherlich klar
… und zwar zuhause, hier, dort, an den verschiedensten
Orten.
Nun bist Du schließlich gegangen,
zu Gott, wie Du es wolltest...
In mancher Hinsicht müssen wir neu anfangen;
aber falls Du uns hören solltest,
wissen wir, Du schaust uns wohlwollend zu,
wie Du das immer hast gemacht
in Deinen Gedanken, manchmal hast du auch gelacht,
immer voller Liebe jedenfalls und rücksichtsvoll warst Du
zu Deiner Frau, uns Kindern und Deinen Enkeln.
Und wenn uns eines von Dir nur bliebe,
dann ist es, uns einander Deine Großmut und Rücksicht
zu schenken,
und nicht zuletzt und ganz besonders DEINE LIEBE.

Ererbtes Glück

Komisch, dass
die Familie enger zusammen
rückt, wenn jemand
gestorben ist.
Bei uns scheint das so zu sein.
So kommt zu dem Glück,
das Du uns schon zu
Lebzeiten bereitet hast,
jetzt ein weiteres
hinzu.

Turner-See

Der See:
Sumpf, Pfütze, Spielplatz, Oase.
Abenteuer und Abgeschiedenheit.
Freiheit und Freizeit.
Und das Hotel:
Kulisse zu dem Independent-Film,
der da heißt: Ferien und Urlaub.

Musik muss atmen

Ich sitz in Deiner Küche in einer Wolke Rauch.
Ich sinniere übers Leben und Du machst das auch.
Tausend Augenblicke, die wertvoll sind wie Gold
und allen Leuten sagen: „Macht doch was Ihr wollt!"
Wein und Musik tragen uns weit weg.
Musik muss atmen, sonst hat sie keinen Zweck.
Laut und leise, langsam und schnell,
muss Musik sein, dunkel und hell.

Mahler

Geröllfeld der Gefühle,
Lawine der Seele,
explodierende Bilder
in Noten mit einer
ganz langsam
abebbenden Druckwelle
voller Süße und Tiefe.
Leben? Kunst?
Beides: unaufhaltsam,
kompromisslos, extrem,
erfüllend.

Geisteswissenschaftler

Wir haben ihn geschafft:
den Sprung in die Realität.
Und doch: Die Sehnsucht
nach dem Traumland
der Literaturwissenschaft
bleibt. In kleinen Dosen
den süßen Duft
des Elfenbeinturms
zu inhalieren
berauscht und belustigt
zugleich. Eigentlich sind
mir Pop-Songs lieber
als „Narrative Stimmen
in der neueren Pop-Literatur".
Aber - was solls. Pop
ist Pop.

Dieser kleine Spalt…

Dieser kleine Spalt zwischen Geburt
und Tod, den wir Leben nennen,
ist uns sehr wichtig: das kurze Aufflammen
einer Sternschnuppe im Weltall.
Die Wissenschaftler würden sagen:
Das ist verdammt kurz, das können
Wir gar nicht messen und vermessen.
Ich aber sage: wir können es sehen,
strahlend und einzigartig und dieses Bild
haben wir für immer in unserem Herzen.

Natürlich dürfen wir weinen,
wenn die Sternschnuppe erlischt,
natürlich dürfen wir trauern
und doch sollten wir auch
dankbar sein, dass wir diesen
Menschen kennen lernen durften.

Jeder Mensch ist einzigartig.
Und die Beziehung zu uns ist
ein Teil davon, der ihn einzigartig macht.

august

schnee auf der zunge
regnet kälte in wärme.
das klavier spricht blau.

Das Spiel im Rosengarten

Ich kann es nicht erwarten
Das Spiel im Rosengarten
Viele verschiedene Leute
Menschen von gestern, Menschen von heute
Herzen gefunden, Herzen gebrochen
Ich hab dir nie einen Rosengarten versprochen
Ein Rosengarten wo verschiedene Blumen blühen,
Wo Feuer regnen und Regenbogen glühen
Ein Garten schöner als das Paradies
Und trauriger als jedes Verlies
Warst du schon in jenem Garten?
Du warst schon darin
Erkenne den Sinn
Du erkennst ihn durch Handeln und Warten

Das Blatt

hallo du jungfräuliches
blatt papier
dir also
vertraue
ich gedanken
und gefühle

dir, das du
nicht denken
und nicht fühlen kannst

aber du kannst
bewahren
über jahre hinweg

bis meine hand,
des gehirns und
herzens rechte helferin,
kommt
und dich
in gedanken
oder voller gefühl
einfach
zerknüllt

Single sein

Ein See aufgestauter Zeit
drückt gegen Mauern
und bringt mich
fast dazu,
die roten
Boote der Gefühle
aufzublasen.
Nicht um zu retten
(oder gerettet zu werden),
sondern nur, weil sie
(die Boote)
bunt sind
und weil der Hochsommer
blüht.

Ein Augenblick auf der Mooraue

Federn, schwarz und weiß,
Äpfel am Bach,
ein grüngesprenkelter Laubfrosch
kurz vor dem Sprung;
Habichte, Sperber und Krähen.
Grün in mindestens 29 Schattierungen
und tief durchatmen...

Adlerflug

Adler flieg und
Hafte mit deinen Augen
Am Boden, den Himmel
Fest im Griff.
Ein Flügelschlag und eine Ewigkeit
Ähnlich einem Augenzwinkern
Wacht über mich.
Adler flieg und
Komm zurück,
Adler flieg und
Flieg hoch fort.

Fuchsgesicht

wild und lustig
mild und listig.
ein Augenzwinkern
bewirkt mehr
als mancher
Prankenhieb

Das muss auch mal gesagt sein...

Mein Lieblings-Schwager ist
ein verdammt netter Kerl,
der manchmal zu viel redet,
manchmal zu wenig,
aber allermeistens genau die
passende Menge an Worten
und Gesten hat.
Und deshalb hör ich
ihm gerne auch
mit dem Herzen zu.

Chemie

„Ähnliches löst sich
in Ähnlichem" sagt man
in der Chemie.
Unsere Ähnlichkeiten
im Charakter
führen ab und zu
eher mal zu kleineren
bis mittleren Explosionen.
Aber unser Ähnlichsein
führt auch dazu,
dass Differenzen schnell
wieder „gelöst"
und vergessen sind,
so dass die Chemie
aufs Neue stimmt.
In diesem Sinne
hat die Genetik nicht nur
Schuld, sondern macht
es auch passend.

Fotos, die ich mag

Ich kenne Dich
nicht gut,
aber gerade Deine
Zurückhaltung und
Dein Respekt
machen Dich so
sympathisch.
Deine Bilder:
reduziert auf das
Wesentliche.
Genauer Blick!

Trivial Pursuit

Banale Fragen,
Dein
keineswegs banales
Lächeln
als Teil-Antwort.
Gehirn, Gesicht, Gefühl.
Kleines Glück
mit Würfeln.
Großes Glück
mit Worten
und Berührungen,
abends vor der
Straßenbahnfahrt.

Wollen wir tanzen?

Wollen wir tanzen und
wirbeln, paarweise durchs
Innere der Erde und wieder zurück?

Wollen wir tanzen und
wogen, zusammen das Meer pflügen,
mit Schaum auf dem Kopf?

Wollen wir tanzen und
weissagen in Gedanken mit
uns einender geballter Energie?

Wollen wir tanzen und
wetteifern durch Trauer und Freude,
durch Frust und Lust?

Ein Wort-Gemälde

Wäre ich van Gogh,
würde ich Dir ein Bild malen.
So aber reicht es nur
für ein Gedicht,
in der Hoffnung, dass
die Worte auf dem Papier
meine Liebe zu Dir
ähnlich ausdrücken
wie es hunderte von
erhabenen Farbklecksen
auf der Leinwand könnten…

Heimat

Lotta,
Dinkelsbühl,
gemeinsam Essen gehen,
Königsbrunn,
Gedichte schreiben,
Kino, Fernsehen,
zu Musikveranstaltungen gehen,…
Das alles hat mit DIR zu tun,
das alles ist Heimat für mich,
ist zu Hause und Wohlbefinden.
Das und noch viel mehr
macht mein Leben
lebenswert,
weil Du da bist…

Besuche

Als Team funktionieren
wir wirklich gut.
Unsere Mütter
mögen unsere Besuche,
weil sie spüren
wir mögen uns
und mögen sie...

Gute Wünsche

Dreimal täglich exklusives Menü,
Massagen,
Physiotherapie,
Gerätetraining…
Gerne besuche ich Dich
im „Wellnesshotel",
aber noch lieber
bei Dir daheim in Dinkelscherben
in der Hoffnung, dass alles wieder
gut wird und dann gut bleibt.
Selbst dann, wenn ich es genieße,
Dein Auto zur Verfügung
zu haben...

Unsere Ringe

Also ein Ring an sich
ist mir zu symbolgeladen
um darüber noch extra
ein Gedicht zu schreiben…

Mir genügt allein,
dass er mich ganz oft
am Tag an Dich
erinnert.
Das ist schön und
eine runde Sache…

Zahlenspiele

Wenn wir Fünf gerade
sein ließen, was hieße das?
Sicher nicht weniger Liebe,
sicher nicht weniger tolle Erlebnisse,
sicher nicht weniger von allem,
was uns, unsere Beziehung,
ausmacht.
Aber gerade oder ungerade,
Hauptsache, es passt,
gerade jetzt und
für immer...

Deine Hand im Auto

Weil der Weg
manchmal nicht das Ziel
ist, aber trotzdem schön.
Weil Du neben mir bist.
Und ich Dich rieche und
spüre. Deine Wärme
und Deine Sympathie.
Nebeneinander und miteinander,
einfach da sein,
so schön...

Pusteblume und Löwenzahn

Bei Dir komme ich mir vor
wie Pusteblume und Löwenzahn…
Fragil und verletzlich
wie die Pusteblume.
Und voll im Saft stehend
und farbenfroh
wie der Löwenzahn.
Auf jeden Fall ist
die Wiese grün und saftig,
dank Dir...

Zwei Prinzessinnen

Die eine schnurrt,
die andere lächelt…
Und ich spüre den Wind
auf dem Balkon.
Und ich rieche das
Abendessen.
Und mein Herz fühlt sich
zu Hause.
Denn glücklich ist,
wer nicht einsam ist…
Königliche Gefühle…

Weil Du da bist…

Weil Du hier, bei mir, bist
und überhaupt,
weil es Dich gibt,
darum lohnt sich
so manches.
Also schon mal das
da sein,
das Bei-Dir-Sein und
vieles mehr…
Gut, Dich an meiner
Seite zu wissen…

Pfingsten

Manchmal reden wir
in tausend Zungen,
manchmal denken wir
in tausend Zungen,
manchmal denken wir, wir reden
in tausend Zungen.

Auf wundersame Weise
ist das Feuer immer so hell und warm,
dass wir uns verstehen,
Verständigungsschwierigkeiten
werden mit der Zeit einfach
durchgebrannt.

Abendessen 2

Weil wir zwei
eine Gemeinschaft sind…
Weil es schön ist,
mit allen Sinnen zu genießen…
Weil es gut tut,
mit Dir zusammen zu sein…
Weil es meine Sinne betört,
mit Dir zusammen zu sein…
Weil unsere Beziehung
schmeckt…
Weil unsere Beziehung
stark ist…
Stärkung für Leib und Seele.

Inhalt

Andreas Skowronek, Jahrgang 1968, studierte Amerikanistik, Deutsche und Englische Linguistik in Augsburg und Dayton (Ohio). Er arbeitete bisher als Journalist, Internettexter und im PR-Bereich. Seit 1980 schreibt er regelmäßig Gedichte. Skowronek ist geschieden und lebt seit 2015 in einer festen Beziehung, die ihm nach eigener Aussage viel Kraft zum Schreiben und zum „Überleben" gibt.